AF555459

ANDRÉ-A. MICHELOT

A LA VEILLE DE VALMY

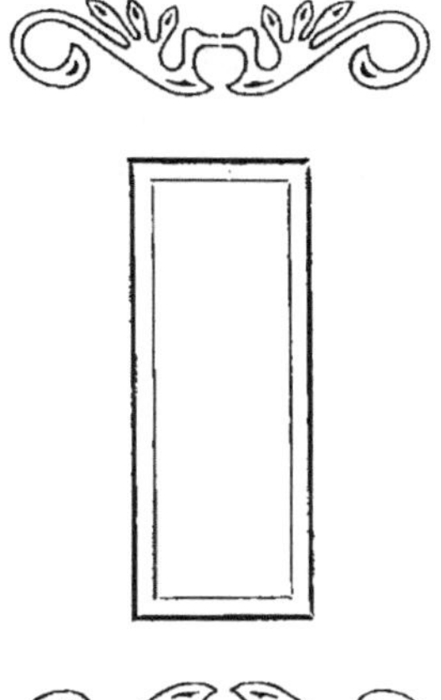

GRANDE IMPRIMERIE DE TROYES
126, RUE THIERS, 126
1909

Extrait de LA RÉVOLUTION DANS L'AUBE
Bulletin de la Société départementale d'histoire moderne et contemporaine
Année 1908. — N°s 1, 2 et 3

A LA VEILLE DE VALMY

> En ce lieu et dans ce jour, commence une nouvelle époque pour l'histoire du monde.
>
> GŒTHE.

La guerre avait été déclarée le 20 avril 1792 à l'Autriche, dont l'attitude était depuis longtemps menaçante pour la Révolution.

La Prusse abusée par les émigrés, par l'ancien ministre Calonne, par Mallet du Pan, envoyé de Louis XVI, entraînée par l'Autriche, se joignait à elle.

Les hostilités entamées en Belgique contre l'Autriche qui occupait ce pays, avaient abouti aux déroutes de Quiévrain et de Tournai malgré les mesures de Dumouriez, alors ministre des Affaires étrangères.

Ces revers avaient eu aussitôt une répercussion énorme à Paris; ils avaient profondément troublé la nation et ravivé les espérances de la cour, de la noblesse, des émigrés, qui attendaient leur salut de l'invasion des armées étrangères.

Le 11 juillet, l'Assemblée Législative déclarait « la Patrie en danger » et, le 25, le duc de Brunswick publiait l'insolent manifeste qui devait porter à leur comble la colère et l'indignation de tout le pays.

Le mouvement populaire déjà si menaçant et presque victorieux au 20 juin, emportait les Tuileries le 10 août.

L'Assemblée suspendait le Roi, et, exerçant le pouvoir, réintégrait dans ses fonctions le ministre Roland, lui donnant Danton comme collègue au ministère de la Justice.

Le Roi et sa famille, réfugiés tout d'abord à l'Assemblée, étaient remis à la Commune de Paris qui les internait au Temple.

La convocation d'une Convention nationale était décidée.

Lafayette, qui commandait à l'armée de Sedan, après une tentative de résistance au nouveau pouvoir, était réduit à s'enfuir et à passer la frontière le 21 août; saisi par les Autrichiens, il était par eux durement traité.

Les forces des souverains alliés menaçaient la France de tous côtés, l'Assemblée décrétait des levées d'hommes, de toutes parts la résistance s'organisait.

Le 28 août, Dumouriez, qui remplaçait Lafayette, accourait à la frontière de l'Est, la plus menacée ; en effet, les Autrichiens de Clerfayt, les Prussiens du duc de Brunswick, franchissant la frontière, enlevaient Longwy, bloquaient Thionville et investissaient Verdun. Dumouriez, faisant preuve d'une inlassable activité, prenait ces mesures qui, d'abord contrariées par des contre-temps imprévus, les négligences de ses sous-ordres, et modifiées par lui selon les circonstances, devaient sauver le pays.

Un grand mouvement de solidarité animait toute la nation, et les inquiétudes, les embarras de la situation n'arrêtaient ni le pouvoir central ni les administrations départementales et communales.

Par sa situation même, le département de l'Aube devait prendre une large part aux mesures de défense.

Il engage une correspondance active avec les départements menacés qui lui communiquent les nouvelles, leurs appréhensions, leurs besoins ; et avec ceux de l'intérieur, les districts, les communes, auxquels il transmet à son tour ce qui lui parvient des administrations voisines.

Nous possédons une partie de cette correspondance et nous pouvons nous faire ainsi une idée des rapports qui s'établirent à cette époque entre les divers corps administratifs (1).

Le 18 août, le Directoire du département de l'Aube écrit au Président de l'Assemblée, pour lui annoncer l'offre faite par le curé de Clérey, Lejeune, d'une somme de 36 livres pour contribuer aux frais de la guerre. Celui-ci demande l'inscription de son offre au procès-verbal de l'Assemblée, et le Directoire se joint à cette demande dans l'espoir que cet exemple trouvera des imitateurs (2).

Vers la fin du mois, le Conseil général de la commune de Troyes prend toute une série de dispositions pour se procurer des ressources en armes, vivres, moyens de transports, etc. (3).

La nouvelle des premiers succès des armées étrangères est annoncée à la commune de Troyes par le Conseil permanent du district, dans la lettre suivante adressée au maire et aux conseillers municipaux :

Troyes, le 1er septembre 1792, l'An 4e de la Liberté.

« A la lecture que vous ferez, Messieurs, des deux copies de lettres ci-« jointes, vous verrez que l'ennemi a pénétré dans le territoire français et « dans les départements voisins.

« Nous vous requérons donc au nom de la loi et du danger imminent « de la patrie, de donner les ordres les plus prompts aux citoyens armés

---

(1) Arch. dép^les, Lr.10, 1165, liasse.

(2) Arch dép^les, Lg.1, 125, reg., n° 3471.

(3) Arch. communales de Troyes, D. 2, reg., ff. 55 et suivants. M. A. Babeau ayant consacré plusieurs pages aux diverses mesures prises par la municipalité, dans son *Histoire de Troyes pendant la Révolution*, nous ne pouvons que renvoyer à cet important travail.

« de votre municipalité de se réunir en plus grand nombre possible et de « se porter avec des vivres et des munitions vers Châlons, où ils trouveront leurs frères d'armes, auquels ils pourront se joindre.

« La loi du 26 août vous ordonne de faire sur le champ la vérification « des chevaux, charrettes et charriots. Occupez-vous encore de ces objets « importants. Engagez et requérez au besoin les citoyens qui ont des chevaux de selle de se réunir à la Gendarmerie nationale de tout le département, qui va partir de tous les districts à la fois, pour venir à Troyes « former un corps de cavalerie.

« Il n'est pas moins important que vous fassiez fabriquer sur le champ « le plus grand nombre possible de piques. Il est également à propos de « joindre à la Garde nationale, des hommes armés de haches.

« Les administrateurs composant le Conseil général
« permanent du district de Troyes,
BROCARD, GAYOT » (1).

A cette lettre étaient jointes les deux copies de lettres suivantes :

« Copie de la lettre écrite par le Conseil général du département de la « Marne, séant à Châlons, à celui du département de l'Aube, du 31 août « 1792, l'an 4 de la Liberté, 9 heures du soir.

« Nous vous prévenons, Messieurs, que nous recevons à l'instant avis « qu'un parti ennemi vient de s'emparer de Clermont (2) et que Verdun « est assiégé. Nous requérons à l'instant toutes les forces armées de notre « département, tant en gendarmes nationaux qu'en gardes nationales, de « se porter à Ste-Menehould avec des vivres, des armes, et le plus de munitions qui leur sera possible. Nous pensons que votre patriotisme n'a « besoin que de cet avis pour rassembler toutes les forces que votre département peut contenir et les faire marcher au lieu du danger, également armées et pourvues de vivres.

« Nous joignons ici copie de la lettre que nous avons reçue du District « de Ste-Menehould.

« Le Conseil Général du Département de la Marne,
« *Signé :* MOIGNON, président; CHOISY, secrétaire général. » (3)

« Copie de la lettre écrite par MM. du district de Sainte-Menehould « au Conseil général du département de la Marne.

« Ste-Menehould, le 31 août 1792, l'an 4e de la liberté,
« 2 heures après-midi.

« Le retour du courrier que nous avions expédié pour Clermont, et « dont nous vous avions mandé aujourd'hui que nous attendions sa « réponse pour vous en faire part, nous confirme la nouvelle qui venait de « se répandre que Clermont était désarmé par un parti autrichien. A l'instant même arrive M. le Maire de Clermont, qui nous en assure. La générale bat en cet instant pour aller au-devant d'un parti qui paraît se « présenter et en faire autant en cette ville. La confusion où l'on est ne « nous permet pas d'entrer dans de plus longs détails. Tout ce que nous « pouvons vous demander, c'est de nous aider dans cette circonstance,

(1) Arch. communales de Troyes, D*. Correspondance.
(2) Clermont-en-Argonne, arrondissement de Verdun (Meuse).
(3) Arch. communales de Troyes, D*. Correspondance.

« autant qu'il sera en vous. Le cavalier que nous avions dépêché à Clermont n'a pu entrer, crainte d'être fait prisonnier.

« Le Directoire et le Procureur syndic du district,
« *Signé :* GILSON, COLLARD et BACHE. » (1)

Le département ayant fait passer ces mêmes avis aux districts, reçoit de celui d'Arcis la réponse suivante :

« Arcis, le 1er septembre 1792, l'an 4e de la Liberté.

« Nous avons l'honneur de vous accuser la réception de votre lettre, « Messieurs, en date du 1er septembre 1792, et des copies qui y étaient « jointes, qui nous annoncent l'invasion de l'ennemi sur le territoire français. Nous allons sur le champ dépécher des courriers dans les munici-« palités et les inviter à se conformer sans délai aux dispositions de « votre dite lettre ». (2)

Ce même district, qui ne cessera ensuite de donner des preuves nombreuses de son dévouement, écrit à nouveau au département, dès le lendemain, la lettre suivante :

« Arcis, le 2 septembre 1792, l'an 4 de la Liberté.

« Nous avons cru, Messieurs, devoir nous rendre à l'invitation des « citoyens de la ville d'Arcis, qui nous ont engagé d'écrire hier au département de la Marne, par un courrier extraordinaire qu'ils dépêchaient « eux-même à Châlons, pour avoir des nouvelles des armées ennemies.

« Vous trouverez, ci-inclus, copie de la réponse que nous ont faite les « membres du Conseil général de ce département. Vous y verrez que les « gardes nationales de son arrondissement abondent à Châlons et qu'ils « craignent de manquer de subsistances, qu'en conséquence, ils nous « invitent à suspendre l'envoi des secours que nous leur destinions. C'est « d'après ces nouvelles que nous avons cru devoir ne pas faire partir les « citoyens qui se présentent volontairement qu'après vous en avoir référé « et vous avoir demandé votre avis, que vous nous transmettrez sûrement « le plus promptement possible.

« Plusieurs municipalités, d'après les ordres que nous leur avons fait passer, nous ont déjà amené du grain et d'autres nous ont fait savoir qu'elles « se disposaient à nous faire passer des farines. Nous allons les solliciter « de nouveau, afin de presser les approvisionnements. L'administration « donne aux municipalités une reconnaissance de la quantité de leur « livraison avec promesse de leur faire payer le grain sur la caisse du receveur du district, suivant le targot (3) du marché, dans le délai de quinze « jours ou 3 semaines. Vous voudrez bien nous faire connaitre si c'est la « marche que nous devons suivre dans cette circonstance. Il est nécessaire « que vous nous instruisiez également si nous devons aprovisionner de « seigle.

« Les membres composant le conseil du district d'Arcis-sur-Aube. » (4)

---

(1) Arch. communales de Troyes, D[e]. Correspondance.

(2) Arch. dép., L.r.[10], 1165, liasse.

(3) Le targot était le cours moyen du blé établi à la fin de chaque marché pour servir de base à la taxe du pain. (Inv. somm. des Arch. de l'Aube, G., t. II, p. 214.

(4) Arch. dép., L.r.[10], 1165.

Ces premiers événements se déroulant dans l'Est avaient vivement ému la population; aussi, à Troyes, le désir d'être exactement renseigné était-il grand.

Une délibération de la municipalité nous apprend que, le 2 septembre, à 2 heures de l'après-midi, « les sieurs Ferrand frères, Vidal, Baudot, Marion, Ponsard, Jeannet, Noël et Martinet, citoyens de la ville de Troyes, » vinrent en personne proposer au Conseil général de la commune « d'établir, de Troyes jusqu'à Sainte-Menehould et même jusqu'au quartier général des armées françaises, une correspondance active de relais à autres, qui apporteraient des nouvelles sûres, de deux en trois heures, suivant les circonstances » (1).

Le Conseil de la commune reconnut l'opportunité de cette proposition, mais se rendant compte des frais de séjour et de voyage qu'elle causerait et ne voulant pas en être rendu responsable ni y exposer la Commune sans autorisation, décida de la transmettre au Conseil général du Département, qui d'ailleurs l'accueillit favorablement.

Considérant que cette proposition présentait « dans les circonstances alarmantes où se trouve le peuple français et particulièrement celui du département de l'Aube, voisin du théâtre de la guerre, un réel intérêt », le Conseil général arrêta, en conséquence, « qu'il serait fourni à chacun de ces citoyens et à leur réquisition, par les différents maîtres de poste du département, un seul cheval pour se transporter d'un relais à un autre, lequel cheval ne serait pas payé pour le retour » (2).

Au nom de la Patrie en danger, les maîtres de poste du département placés sur la route de Troyes à Châlons furent *invités* à se conformer à cet arrêté et le Département de la Marne fut sollicité d'avoir à faire semblable réquisition aux maîtres de poste de son ressort sur la même route et sur celle de Sainte-Menehould.

Une première avance de mille livres fut faite aux promoteurs de cette correspondance; il fut décidé que les courriers apporteraient leurs dépêches « au lieu des séances du Département et qu'il en serait sur le champ fait part aux autres corps administratifs de la ville de Troyes, et, au besoin, à tous les districts » (3).

L'administration départementale « n'avait employé le terme d'*invitation* que dans la forte persuasion que les maîtres de poste s'empresseraient de concourir au salut de la Patrie en danger en procurant les secours qui leur étaient demandés ». Comme ils s'y refusaient, le Conseil général du département se vit contraint, dans la séance du

(1) Arch. Communales de Troyes : D*. 2. Reg.

(2) Arch. de l'Aube : L c¹. 10. Reg. (Séance du 4 Septembre).

(3) Arch. de l'Aube : *Ibidem*, (Séance du 4 Septembre).

6 septembre, de leur enjoindre l'ordre « de fournir par estafette aux courriers qu'il emploie, pour obtenir des renseignements prompts de l'armée, un seul cheval par relais qui sera ramené par le même courrier, sans qu'il puisse être tenu de payer plus d'un cheval par poste » (1).

Nous ignorons quelle fut la suite donnée à cette décision ; toutefois, plusieurs lettres reçues de Châlons et de Sainte-Menehould, les jours suivants, et donnant des renseignements qui répondent parfaitement au but visé, pourraient fort bien être parvenues par cette voie.

Tout particulièrement celles de Vidal, qu'a publiées M. A. Babeau (2), nous paraissent avoir été transmises de cette façon. Un Vidal figure en effet parmi les personnes qui ont proposé la correspondance en question (3). De plus, dans sa lettre du 10 septembre, publiée par M. Babeau, Vidal rappelle que « son confrère Baudot » a porté sa dépêche du vendredi soir (7 septembre). Or, Baudot est encore, (toujours d'après la délibération du Conseil général de la commune de Troyes), le nom d'un des promoteurs de la correspondance dont il s'agit.

La liasse des Archives de l'Aube (4), où M. Babeau a pris connaissance des trois lettres qu'il a publiées, n'existe plus ; ces pièces font actuellement partie de la liasse Lr [10] 1165, où nous les avons vues et où nous avons trouvé une autre lettre du même Vidal, antérieure certainement, d'après son contenu, aux trois autres ; datée simplement « lundi matin à 7 heures », elle doit être du 3 septembre, qui était effectivement un lundi.

Le signataire y donne, sur la prise de Verdun, des détails intéressants, ainsi qu'on en pourra juger (5) :

(1) Arch. de l'Aube : *Ibidem*. (Séance du 6 Septembre).

(2) Mém. de la Société Académique de l'Aube, III° série, T. XI (1874) p. 256-62.

(3) Voy. plus haut le passage de la délibération de la commune de Troyes, en date du 2 septembre, mentionnant les noms des citoyens qui se sont présentés à la séance et ont proposé la correspondance.

(4) L. 1435.

(5) Comme on le remarquera, Vidal débute en rappelant sa correspondance de la veille à 6 heures du soir, jour même de la capitulation, si nous admettons que la lettre ci-après soit du 3.

Ceci semble au moins singulier, en supposant qu'il s'agisse bien du Vidal qui se trouvait encore à Troyes à 2 heures de l'après-midi, à la séance du Conseil de la Commune ; car c'est précisément le dimanche 2 septembre, à 6 heures du soir, qu'eut lieu la capitulation, si nous en croyons le *Moniteur*, d'ailleurs fréquemment inexact (*).

Il est donc matériellement impossible que Vidal se soit trouvé à proximité de Verdun, à Sainte-Menehould, par exemple, le 2 à 6 heures du soir, car une distance de plus de 100 kilomètres sépare cette ville de Troyes,

Nous pouvons penser qu'il apprit la nouvelle en cours de route, à Châlons peut-être ; mais, là encore, l'heure qu'il indique pour le départ de sa lettre est

(*) *Moniteur*, n° du 6 septembre 1792. « Le ministre de la Guerre fait passer à l'Assemblée une lettre des Administrateurs du département de la Meuse, par laquelle ils annoncent que cette ville s'est rendue le 2 septembre, à 6 heures du soir. »

Sainte-Menehould, lundi matin à 7 heures.

Messieurs,

J'ai eu l'honneur de vous adresser hier soir à 6 heures la prise de Verdun, qui vient de nous être confirmée, non seulement par des courriers, mais encore par un capitaine du bataillon d'Eure-et-Loir, qui arrive en ce moment pour demander des logements pour la garnison de Verdun, composée de quatre mille hommes.

J'ai eu une conférence de demie heure avec lui ; en voici un petit détail auquel vous pouvez ajoutez foi. Le général Brunswick ne s'est pas amusé à attaquer la ville en forme comme je vous l'avais annoncé, il l'a au contraire bombardée pendant un jour pour y mettre le feu ; il y a réussi, ce qui a décidé les habitants à se rendre. La garnison a fait seule le service sur les remparts, ce qui n'a servi à rien, attendu que la poudre qu'on leur a donnée ne vallait rien et lorsque les boulets sortaient du canon, ils tombaient dans les fossés du rempart. Il paraît que la ville a été rendue par les habitants, qui ont menacé d'empoisonner la garnison, si elle faisait résistance. Ils ont ouvert les portes à l'ennemi, qui y est rentré en triomphe, sans faire aucun mal. Il en a fait sortir la garnison avec armes et bagages ; le général Brunswick leur a dit avant leur départ qu'ils n'entraient en France que pour rétablir le Roi sur son trône ainsi que la noblesse dans ses droits ; il leur a assuré que Longwy et Verdun lui avaient été vendues et qu'il est sûr d'aller à Paris sans trouver grande résistance. Il leur a même donné sa parole d'honneur d'y être le 24 du courant. Il existe une grande trahison dont Lafayette est le chef.

Je vous envoie une copie d'une lettre écrite par M. Dumouriez, le 2, de la Berlière, à 6 lieues d'ici, à M. Galbaud, mestre de camp. Vous verrez par là que l'ennemi n'est pas loin. On fait partir en ce moment un bataillon de volontaires et un régiment d'infanterie avec quatre pièces de campagne, pour aller dans les forêts.

Je vous salue et suis votre concitoyen,

VIDAL.

Copie de la lettre de M. le Général Dumouriez à M. Galbaud (1), mestre de camp et commandant à Sainte-Menehould

De la Berlière (2), le 2 septembre 1792.

Je suis bien fâché, Monsieur, que vous n'ayez pu entrer dans Verdun, où je regardais votre présence comme absolument nécessaire ; j'aurais été bien plus sûr du sort de cette ville si je vous y avais su ; il faut au moins tirer de

---

peu admissible, étant donné qu'il a fallu que l'avis de l'événement fût apporté de Verdun, et c'était encore pour le courrier près de 100 kilomètres à parcourir.

Il est plus probable que, pendant le bombardement, le bruit de la reddition de la place fut répandu prématurément et que Vidal, parti de Troyes après la séance du Conseil de la Commune, le recueillit en route et s'en fit l'écho. Il est regrettable que cette première communication ne nous soit pas parvenue, car elle nous eût donné l'indication du lieu d'où elle fut envoyée et la forme sous laquelle Vidal annonçait la nouvelle nous eût renseigné sur le degré de certitude qu'elle présentait.

Arch. de l'Aube, Lr 10 1165.

(1) Sur ce personnage, consulter Pionnier (E.) : *Essai sur l'Histoire de la Révolution à Verdun* (1789-1795), *passim*.

(2) Ardennes, arrondissement de Vouziers, canton de Buzancy.

votre position tout le parti que vous pourrez; Sainte-Menehould est un des points de rassemblement que j'ai indiqués au ministre pour les Gardes nationales et les fédérés qui voudront défendre les gorges de la forêt d'Argonne; mais il faut s'avancer plus haut que Sainte-Menehould pour empêcher l'ennemi d'y arriver. Il me paraît donc essentiel que vous fassiez l'avant-garde de tout ce qui se joindra, et que vous vous avanciez jusques aux Grandes-Islettes (1), où il faut nous fortifier derrière le canal de la Bienne; vous pourrez ramasser tous les habitants des paroisses qui sont dans les grands bois; vous feriez des abbatis et vous vous trouverez par ce moyen maître très facilement du chemin de Sainte-Menehould à Varennes et Verdun. Si par hasard on a ouvert de nouvelles routes dans les bois, qui puissent amener l'ennemi sur vous ou le mettre dans le cas de vous tourner, il faut gâter ces chemins, les couper par les enceintes d'abbatis que vous pourriez rouvrir pour former les têtes de la colonne de troupes, qui pourra passer par Sainte-Menehould pour remarcher sur Verdun, lorsque nous serons plus en force. Je vous annonce que M. Arthur Dillon sera demain près de Varennes avec toute l'avant-garde d'environ 6.000 hommes, dont beaucoup d'excellente cavalerie. Comme vous n'avez besoin d'aucune cavalerie dans les bois où vous allez vous retrancher, faites-la cantonner dans Florent (2); n'épargnez pas les courriers et faites-moi passer très fréquemment de vos nouvelles, ainsi que l'augmentation des forces qui viendront à Sainte-Menehould. Je serai demain à Grand-Pré (3) avec le reste de mon armée composée d'une vingtaine de bataillons et de 18 escadrons: j'espère qu'on dirigera sur mon camp une partie des forces parisiennes, dont le courrier qui m'arrive ce matin a rencontré la tête à Epernay. Je joins ici une lettre pour MM. du District de Sainte-Menehould et une proclamation que vous voudrez bien faire imprimer et répandre dans tous les départements et districts voisins. Je vous prierai aussi de m'envoyer un millier d'exemplaires, n'ayant pas d'imprimerie à portée de moi.

Signé : *Le Général en Chef de l'Armée du Nord,*
DUMOURIEZ.

D'autres détails sur la prise de Verdun, sur les réquisitions de l'ennemi, sur la situation des populations, nous sont encore fournis par les lettres envoyées au Département de l'Aube par le Conseil général de la Marne; la plupart d'entre elles portent des heures de départ très différentes les unes des autres, de jour ou de nuit, qui nous permettent de nous rendre compte de la permanence des corps administratifs et du zèle qu'ils apportaient à renseigner leurs voisins.

Nous les reproduisons ci-après dans l'ordre chronologique.

Châlons, le 3 septembre 1792, 1 heure du matin.
L'an 4e de la liberté.

La lettre, Messieurs, dont vos frères d'armes vous donneront communication, vous instruira de la prise de la ville de Verdun, dont la garnison et les bourgeois défendent encore la citadelle; le Maréchal de camp, commandant à Sainte-Menehould, nous a demandé un renfort de dix-huit cents hommes de pied et de quatre cents hommes de cavalerie. Un bataillon

(1) Meuse, arrondissement de Verdun, canton de Clermont-en-Argonne.

(2) Marne, arrondissement et canton de Sainte-Menehould.

(3) Ardennes, chef-lieu de canton, arrondissement de Vouziers.

de Reims doit arriver aujourd'hui. La moitié de votre bataillon armée et les détachements des Gardes-nationales qui sont à notre disposition suffiront pour remplir la 1re demande du général, mais il n'existe plus de cavalerie dans notre département et celle qui fait partie du détachement de douze cents hommes qui marchent à un jour de distance, est la seule ressource sur laquelle nous puissions compter. Nous vous invitons, Messieurs, à hâter leur marche en leur envoyant cette lettre, après en avoir pris communication.

Châlons, le 5 septembre 1792, l'an 4e de l'Égalité.
Le 1er à 10 h. du soir.

Messieurs et Chers Collègues,

Nous recevons à l'instant par le sieur Boilletot la demande verbale qu'il nous a faite en votre nom de renseignements sur notre position actuelle et celle de l'ennemi.

La ville de Verdun s'est rendue comme vous avez dû l'apprendre. Un maréchal de camp, M. Galbaud, avait été envoyé à l'avance par M. Dumouriez à Sainte-Menehould pour secourir Verdun, mais venu à tard, il n'avoit pu que se saisir des postes de Biesne. L'ennemi paraissant arriver en grand nombre, M. Galbaud se repliait sur Châlons, lorsque M. Dumouriez lui a annoncé l'arrivée de son avant-garde forte de 6.000 hommes et lui a ordonné de retourner à son premier poste ; vous verrez par une des lettres que nous joignons à la présente, que M. Dillon doit occuper maintenant les passages de Biesne; ainsi, Sainte-Menehould paraît garantie. Dans ce moment, M. Dumouriez avec une armée forte d'environ 25 à 30.000 hommes est campé dans les environs de Grandpré et garde les gorges du Clermontois, qui couvrent l'entrée dans la France.

M. Dumouriez, néanmoins, ne se croyant pas assez fort, nous a requis et tous les différents districts, de lui envoyer des hommes, le plus que nous pourrons, mais il ne veut que *des hommes armés en guerre*. Nous avons fait toutes les réquisitions possibles à cet égard. Vous verrez par une autre lettre dont nous vous adressons également copie que l'armée de M. Kellermann s'ébranle et se met en marche pour tâcher d'arrêter les progrès de l'ennemi en s'unissant à celle de M. Dumouriez. Suivant d'autres avis, M. Biron enverra aussi 10 ou 12.000 hommes.

Si on en croit les bruits qui se répandent, Paris fait avancer vers nous un corps considérable de troupes. Si toutes les forces se combinent bien, l'ennemi ne passera pas les défilés qui sont en avant de Sainte-Menehould; nous l'espérons, mais il faut de l'harmonie et de l'ordre.

Les généraux demandent des hommes, mais ils ne veulent que des hommes armés en guerre, c'est-à-dire de fusils avec baïonnettes ; tous les autres ne sont que des bouches inutiles et ne peuvent que consumer tous les vivres des hommes actifs. Envoyez-nous donc des hommes le plus que vous pourrez, mais qu'ils soient tous armés en guerre, comme il est dit cidessus, et organisés autant que faire se pourra. »

Suit une demande de subsistances, farines, grains, pain ; des réquisitions ont été faites dans tout le département et il faut que les départements fassent également tout leur possible ; on demande instamment le concours de celui de l'Aube.

On réclame surtout des farines, car les moulins ne suffiraient pas à moudre tous les grains nécessaires.

La lettre se termine par un post-scriptum qui annonce l'arrivée de

Luckner se préparant à établir un camp à Châlons; « il tâche, dit-on, de « relever le courage que quelques revers avaient un peu abattu, mais « l'espérance renaît à la vue de ce brave et loyal général. »

2e P.-S. « Nous recevons à l'instant un courrier de Reims qui nous « apporte les dépêches les plus satisfaisantes en ce qui concerne le patrio- « tisme et le dévouement des citoyens en marche à la défense de la patrie; « il nous annonce que Soissons fait les efforts les plus grands pour procu- « rer à l'armée tous les secours possibles. »

Châlons, le 6 septembre 1792, l'an 4 de la Liberté.

L'armée ennemie n'a fait aucun mouvement vers le département de la Marne; le général Dumouriez s'est porté avec son armée vers les passages qui pourraient y donner entrée. Son avant-garde occupe la côte de Bienne et son corps de bataille s'étend jusqu'à Grandpré. Cette position paraît devoir préserver Reims et Châlons, de toute surprise.

Un courrier envoyé cette nuit du département de la Meuse informe celui de la Marne que la commission du grand conseil de guerre du roi de Prusse a sommé les administrateurs de Bar-le-Duc de fournir 11.200 sacs d'avoine, 11.200 sacs de farine de froment, que le président et le procureur général syndic restent à Verdun en ôtages jusqu'au complément de cette contribution, dont partie sera payée sur les bons et celle en froment en argent comptant à raison de 18 l. le sac. L'armée du général Kellermann a dû lever le 4 de ce mois le camp de Frescaty, se porter vers Pont-à-Mousson, côtoyer l'armée prussienne et, en cas de besoin, se joindre à celle de M. Dumouriez et au camp qui se forme sous les murs de cette ville et qui peut être renforcé au besoin par ceux de Soissons et de Meaux (1).

On annonce sans en avoir de nouvelles officielles que l'armée autrichienne fait dans ce moment-ci les sièges de Metz, Thionville et Sedan, que Givet et Charlemont ont été sommés de se rendre; il paraît que les ennemis n'entreront pas plus avant dans l'intérieur avant de s'être emparés de toutes les places fortes de la frontière.

Le besoin le plus urgent est de pourvoir aux subsistances des trois armées qui vont se trouver dans le département; les mesures qui ont déterminé leur rassemblement ont été si promptes qu'il a été impossible de former des magasins, le salut de la patrie exige qu'il ne soit envoyé au camp de Châlons que des corps armés et organisés et que les départements qui l'avoisinent invitent leurs administrateurs à y voiturer des farines, des grains et des fourrages qui seront payés comptant par les gardes-magasins des subsistances.

On voit, d'après ces lettres, que le département de l'Aube était soigneusement tenu au courant des événements.

Des nouvelles lui arrivent également de Paris. Regnault de Beaucaron (2), député à l'Assemblée Législative, adresse à son oncle un bulletin

(1) La lettre ci-après confirme l'exécution de ce mouvement.

(2) Regnault de Beaucaron (Jacques-Edme), magistrat, littérateur et homme politique, né à Chaource en 1759. Après avoir embrassé, puis abandonné la profession d'avocat, il s'occupa spécialement de littérature, écrivit à l'*Almanach des Muses*, créa et rédigea le *Journal de Nancy*. Nommé en 1790 juge au Tribunal d'Ervy, et en 1791 député à l'Assemblée Législative, il siégea parmi les

de l'Assemblée annonçant que Dumouriez arrête l'avant-garde ennemie, qu'il espère couvrir la Champagne et repousser l'étranger hors de France avec l'aide des troupes qui lui arrivent, notamment de Soissons. Dumouriez pense avoir 100.000 hommes autour de Reims avant la fin de la semaine. Luckner aurait également battu une forte reconnaissance ennemie.

Le destinataire de ce bulletin s'empressa de le remettre au département. Le directoire décida de faire paraître tous les matins les nouvelles qui lui parviendraient des armées.

***

Dès le 1er septembre, le département de l'Aube adressait à celui de l'Yonne copie des lettres qui lui parvenaient des régions menacées, et l'avisait des mesures prises : envoi à Châlons de volontaires, de gardes-nationaux, de gendarmes, etc. (1).

A ces avis, le département de l'Yonne répond par la lettre suivante :

« Auxerre, 6 septembre 1792,
l'an 4e de la Liberté

« Messieurs,

« L'administration a frémi à la nouvelle de la prise de Longwy. Ses craintes ont augmenté avec les succès des ennemis de notre liberté... L'administration est instruite que le département de la Marne vous transmet les nouvelles chaque jour. Elle vous prie, par l'arrêté de ce jour que j'ai l'honneur de vous adresser, de lui faire passer celles que vous recevrez. Ses mesures pourront alors se concerter plus aisément avec les vôtres et nos concitoyens vous auront, avec nous, la plus grande obligation.

« L'administration s'empresse de remplir les engagements que vous aurez bien voulu prendre pour elle avec le maître de poste de Troyes, et elle ose se flatter que le messager lui rapportera votre adhésion.

« P.-S. — Je vous prie de vouloir bien profiter du porteur pour nous donner des nouvelles de la situation actuelle.

A cette lettre est jointe, ainsi qu'elle l'annonce, copie d'un arrêté en date du 6 septembre, priant le Conseil général du département de l'Aube de vouloir bien renseigner le plus souvent possible celui de l'Yonne et traiter avec le maître de poste de Troyes pour « qu'il fasse partir tous les « jours, à trois heures du matin, un courrier qui se rendra à Saint-« Florentin muni du paquet à l'adresse du département » ; le même arrêté invite le Conseil général du district de Saint-Florentin « à « traiter au nom de l'administration du département (de l'Yonne) avec

royalistes constitutionnels. Il reprit ensuite ses fonctions de juge, puis fut nommé magistrat de sûreté à Nogent-sur-Seine, dont il présida ensuite le Tribunal jusqu'en 1819, et où il mourut en 1827. Voy. Socard, *Biographie des personnages de Troyes et du département de l'Aube*. Troyes 1882 ; Regnault de Beaucaron, *Souvenirs anecdotiques et historiques d'anciennes familles champenoises et bourguignonnes, 1175-1906*. Paris, Plon, 1906.

(1) Arch. de l'Aube, L g[l] 103 reg. n° 3075.

« le maître de poste de cette ville, pour qu'il tienne tous les jours un « courrier prêt à partir à l'instant de la remise qui lui sera faite par « celui venant de Troyes du paquet dont il sera chargé pour l'adminis« tration ». Ces pièces, apportées au district de Saint-Florentin par un gendarme national, sont par lui transmises au département de l'Aube. Les administrateurs de ce district assurent qu'ils seront très reconnaissants de cette complaisance qui leur permettra de prendre provisoirement des précautions.

Le 6, le département de l'Aube avait adressé à celui de l'Yonne diverses copies de lettres qu'il avait lui-même reçues des départements voisins; en réponse le département de l'Yonne dépeint sa situation dans les termes suivants:

« Auxerre, le 8 septembre 1792, l'an 4e de la Liberté et de l'Égalité [le 1er]

« Messieurs et chers Confrères,

« Nous avons reçu, avec votre lettre du 6 de ce mois, la copie qui y était jointe de celles du département de la Marne, du district de Sainte-Menehould et du Commissaire général de l'armée du Centre.

« Nous aurions vivement désiré pouvoir contribuer directement de quelque manière que ce fût à approvisionner et à donner du secours à nos concitoyens de ces départements. Mais les commissaires du Conseil exécutif provisoire nous ont requis de faire transporter sur le champ sur Paris toute la force armée que nous pourrions rassembler et de la faire accompagner des approvisionnements nécessaires à leurs subsistances.

« Nous sommes donc dans l'impossibilité de diriger aucun secours sur votre département. Le sentiment pénible de ne pouvoir secourir nos frères aussitôt que nous le voudrions s'adoucit lorsque nous pensons que les forces qui se réunissent à Paris et dont nos concitoyens font partie n'ont d'autre but que de voler bientôt au devant de l'ennemi. Nous vous prions de vouloir bien continuer avec nous une correspondance aussi suivie qu'il vous sera possible sur la situation de votre département et de ceux de la Meuse et de la Marne.

Le même jour le département de l'Aube avait adressé une nouvelle lettre à l'administration départementale de l'Yonne pour réclamer encore son aide, surtout en ce qui concernait les subsistances, dont il demandait un envoi immédiat à Châlons (1).

Dans l'impossibilité de satisfaire à ces demandes, le département de l'Yonne en explique les raisons.

« Auxerre, le 9 septembre 1792, l'an 4e de la Liberté et le 1er de l'Egalité.

« ...Nous avions disposé des forces prêtes à se porter sur Châlons à la première réquisition, mais des commissaires du pouvoir exécutif constitué sont venus hier requérir que nos volontaires se disposassent à partir pour la défense de la capitale; nous vous l'avons annoncé par notre lettre d'hier.

« Nos moyens en subsistances sont bien loin de pouvoir alimenter même

(1) Arch. de l'Aube, Lg 1103 reg. n° 3090.

nos habitants; cependant, si nous pouvons réunir une quantité d'avoine, nous nous ferons un devoir de la faire conduire à Châlons (1).

Comme on peut le voir par ces deux lettres, l'émotion causée à Paris par les premiers succès de l'ennemi avait été vive; les armées de la frontière ne paraissaient pas en état de résister efficacement et l'on songeait à réunir des troupes autour de la capitale.

Le département de l'Yonne écrit de nouveau le 12 septembre à celui de l'Aube, pour le remercier des nouvelles qu'il lui a transmises, affirmer sa confiance dans l'issue de la lutte et expliquer encore les causes qui ne lui permettent pas d'envoyer des subsistances autant qu'il le voudrait.

« Auxerre, le 12 septembre 1792, l'an 4e de la Liberté et le 1er de l'Égalité.

« Messieurs et chers Concitoyens,

« Nous avons lu avec bien de l'intérêt votre dépêche du 10. Un petit nombre de citoyens nous environnaient à l'arrivée du courrier, mais nous nous proposons d'en renouveler la lecture lorsque le concours sera plus grand. La réunion des armées Dumouriez et Kellermann, les sentiments de patriotisme et le courage dont elles paraissent animées nous inspirent la plus entière confiance. L'ennemi qu'on leur oppose n'a point encore combattu des Français libres ; courbés sous la verge du despotisme, ils étaient redoutables ; rendus à l'état naturel de l'homme, la liberté, ils seront invincibles.

« La mort des sept émigrés, la prise de 18.000 sacs de grains (2) ont été applaudis. Veuillez, Messieurs et chers collègues, nous continuer vos bons offices en nous faisant parvenir toutes les nouvelles intéressantes que votre correspondance vous procurera. Nous allons écrire sur le champ au Conseil général du district de Saint-Florentin pour qu'il vous expédie les subsistances qu'il aura pu rassembler. Tous les membres de la grande famille doivent unir leurs efforts pour le salut de la Patrie. Vous saurez apprécier le sacrifice d'un département dont le vin est la principale production et qui ne recueille pas une quantité suffisante de grains pour la nourriture de ses habitants pendant les deux tiers de l'année. Mais il faut d'abord alimenter nos armées ; leurs succès nous conduiront à la paix et les Français se tendent la main de toutes les parties de l'empire, s'entrecommuniquant leurs moyens et leurs ressources.

« Le plus beau zèle anime tous nos citoyens: plusieurs bataillons des gardes nationales, habillés, armés, équipés sont prêts à partir munis de vivres pour plus d'un mois. Ceux qui restent fournissent habits, armes et vivres. Cette ardeur qui est la même dans tout l'empire va porter nos forces à un degré propre à faire trembler tous les despotes de l'Europe.

L. M. Le Peletier [de Saint-Fargeau].

***

(1) Ces lettres nous indiquent pour quel motif le bataillon de l'Yonne ne put se rendre à Châlons ; ainsi qu'on le verra plus loin, des vivres avaient été préparés à Arcis à son intention et il en résulta des pertes dont ce district se plaint par sa lettre du 7.

(2) A la reprise de Clermont en Argonne, le 5 septembre, par une patrouille de l'avant-garde du général Dillon. Voy. A. Babeau, *Lettres d'un député de la municipalité de Troyes à l'armée de Dumouriez*, *Mém. de la Soc. Acad. de l'Aube*, 1874.

La municipalité et le district d'Arcis, ainsi que nous l'avons dit plus haut, se signalèrent tout particulièrement par leur zèle à aider aux approvisionnements des armées.

Les lettres suivantes, qui parvinrent de ces administrations au département, indiquent quel effort considérable avait été accompli et comment les fournitures faites étaient réglées.

« Arcis, le 7 septembre 1792, l'an 4' de la Liberté.

« D'après les invitations, Messieurs, que le département de la Marne vous a faites par sa lettre en datte du 5 du courant, dont vous nous avez adressé copie le 6, l'administration du district d'Arcis-sur-Aube a l'honneur de vous prévenir qu'elle vient de faire passer au département de la Marne hier et ce matin 2843 livres pesant de pain de froment cuit, et 2411 livres pesant de farine de seigle blutée, et qu'elle se propose d'envoyer encore aujourd'hui trois ou quatre mille pesant de farine. Le district se propose ensuite de suspendre ses envois jusqu'à ce que vous donniez des ordres pour le faire, attendu que les nouvelles paraissant annoncer que l'ennemi se porte sur Bar-le-Duc, notre armée serait forcée de changer de poste et de se replier du côté de Vitry, St-Dizier et qu'alors les vivres et provisions prendraient une autre route.

« La municipalité de Brienne a fait passer à différentes fois de la farine et du pain, dont le prix lui a été remboursé sur la caisse du receveur du district, ainsi que l'administration le pratique pour toutes les autres municipalités.

« Nous avons à l'instant plus de 2000 boisseaux de seigle et de froment, dont la majeure partie est en farine, indépendamment de ce que la municipalité de Brienne nous a envoyé.

« Les fournisseurs de l'étape se présentent à l'instant à l'administration et se plaignent amèrement de la perte qu'ils éprouvent à raison des préparations qu'ils ont faites pour la subsistance du bataillon de l'Yonne, que vous nous avez annoncé venir ce jourd'hui par votre lettre du 3 du courant; le boucher surtout a plus de 1000 livres de viande préparées dont la majeure partie sera perdue; leurs plaintes sont d'autant plus fondées que voilà plusieurs fois qu'ils se trouvent dans le même cas. Veuillez donc, Messieurs, leur indiquer les moyens d'obtenir des indemnités pour toutes les pertes et cela le plus tôt possible. »

Le district et la commune ont réuni une quantité de grains considérable, et une organisation judicieuse se traduit par les mesures que relate le document ci-dessous :

« Arcis, le 8 septembre 1792, l'an 4' de la Liberté.

« Le district d'Arcis-sur-Aube a l'honneur, Messieurs, de vous faire passer la copie d'une lettre du commissaire de l'armée de Kellermann sous la date du 6 de ce mois, qui vient de nous être remise par un courrier extraordinaire et qui invite le corps administratif ainsi que la municipalité d'Arcis à faire des approvisionnements de fourrages.

« Ce courrier nous a assuré qu'il était sorti de Bar-le-Duc hier, à 2 heures après midi, que rien n'était plus faux que la prise de cette ville, qu'au contraire elle avait toujours été dans la plus grande sécurité, attendu qu'elle était sûre de l'arrivée prochaine de l'armée de Kellermann, que ce dernier se proposait de reprendre Verdun et de se joindre aux armées de Lukner et de Dumouriez afin d'envelopper les ennemis.

« Vous trouverez également copie d'une lettre, sous la date du 6 courant, que le département de la Marne nous a adressée ce jourd'hui par le courrier de la correspondance de Troyes (1); elle annonce que l'ennemi a mis à contribution Bar-le-Duc, ce qui est démenti formellement par le rapport du courrier de l'armée de Kellermann.

A cette lettre est jointe la copie de celle qu'avait adressée au district et à la municipalité d'Arcis le commissaire général de l'armée de Kellermann :

« Camp de Toul, 6 septembre 1792, l'an 4e de la Liberté.

« Le Commissaire général de l'armée de Kellermann a l'honneur de requérir le corps administratif réuni à la municipalité d'Arcis-sur-Aube de faire fournir à l'armée les avoines anciennes qui peuvent exister dans son arrondissement ; elles seront achetées le prix que chaque particulier voudra les vendre, en faisant cependant les conditions les meilleures possibles pour le bien des finances de la nation. Le prix sera convenu de gré à gré avec les préposés aux achats, qui feront conduire sur le champ ces avoines dans les emplacements nécessaires à la distribution. L'urgence du moment et le sacrifice du prix considérable qui pourrait être demandé est le seul moyen d'empêcher ceux que la nécessité du besoin d'une armée pourrait forcer de prendre d'après les ordres du général *(sic)*. Il est indispensable que les corps administratifs préviennent leurs administrés et les cultivateurs que l'armée venant à leur secours a besoin elle-même de subsistances pour les troupes à cheval, et que le général se trouverait forcé d'employer les moyens de rigueur qui deviendraient nécessaires.

« L'armée a également besoin de paille de couchage ; ainsi les cultivateurs sont invités à battre les grains et à transporter les pailles dans les endroits qui seront désignés par les préposés des fourrages. Ces deux objets seront payés comptant sur les états qui seront dressés par les districts, d'après les reçus qui seront donnés aux propriétaires par les préposés.

« Ce qui ne sera pas consommé sera conduit à la suite de l'armée par les propriétaires de denrées ; leur voiturage sera payé à part sur le pied de 9 livres par voiture attelée de 4 chevaux, 20 sols pour le conducteur avec une ration de pain de munition et de fourrage par cheval. Cette réquisition doit être publiée pour que tous les habitants en soient instruits, et s'empressent de l'exécuter dans le jour. On ne doit pas perdre de vue que l'armée n'arrive que pour sauver la Patrie des invasions de l'ennemi.

« Le Commissaire général de l'armée de Kellermann,
Signé : DALEMY.

Une autre lettre nous renseigne sur les magasins d'approvisionnement que l'on organise à Arcis :

« Arcis, le 15 septembre 1792, l'an 4e de la Liberté.

« ... L'affluence des grains et farines a été si grande à Arcis à l'instant que l'on a annoncé les besoins de l'armée que nous avons été forcés d'établir des dépôts.

« Nous avons quatre magasins qui renferment, l'un du froment en grain, l'autre du seigle également en grain et les deux autres des farines de froment

(1) Nous n'avons pas trouvé cette copie dans la liasse.

et de seigle, dont les unes bluttées et les autres non bluttées. Nous avons nommé, comme vous le verrez par une délibération de laquelle nous vous ferons passer une expédition, un commissaire qui veille à toutes les opérations et qui nous rend des comptes, d'après lesquels nous tenons des états ou sommiers pour la réception des grains, leur envoi à Châlons, leur moulage, chargement et déchargement, etc. Nous ne pouvons nous dispenser de tenir une autre marche, principalement d'après les dispositions d'une lettre que nous venons de recevoir du département de la Marne, qui nous marque de ne lui envoyer que des farines bluttées en seigle et en froment, de manière que, d'après les dispositions de cette lettre, nous sommes obligés de faire moudre et blutter les grains emmagasinés.

« Par cette même lettre, le département nous invite à lui faire passer également des fourrages, avoines, foin et paille ; pour entrer dans ses vues, nous allons nommer un nouveau commissaire chargé des opérations qui seront nécessaires pour ces fournitures ».

La liasse des Archives de l'Aube (Lr^{10} 1165) dont sont extraits, sauf indications contraires, les documents qui précèdent, ne nous donne pas d'autres renseignements et ne contient plus aucune pièce relative aux quelques jours qui s'écoulèrent jusqu'au 20 septembre.

Il nous est toutefois facile de concevoir qu'ils furent remplis par les mêmes préoccupations.

Pendant ce temps, nos armées avaient occupé l'Argonne. Après l'attaque infructueuse de l'ennemi sur Grandpré, un corps d'Autrichiens et d'émigrés, commandé par le prince de Ligne, avait enlevé le défilé de la Croix-aux-Bois, jugé d'importance secondaire et insuffisamment occupé. Ce point n'ayant pu être reconquis, il fallut abandonner tous les autres défilés, et toutes les dispositions prises par Dumouriez, placé dès lors dans une position des plus périlleuses, devenaient inutiles. Malgré deux paniques successives qui faillirent tout compromettre, il réussit à se replier et à s'établir près de Sainte-Menehould, d'où il envoya à l'Assemblée des assurances de confiance et de succès.

Il était rejoint par Kellermann dans la nuit du 19 septembre ; un mouvement tenté pour modifier la position prise par celui-ci au moulin de Valmy se heurtait à l'avant-garde prussienne, et, à midi, les colonnes de Brunswick, appuyées par une violente canonnade, s'élançaient sur les positions françaises. Cette attaque, repoussée victorieusement au cri de *Vive la Nation !*, fut renouvelée à 4 heures du soir, sans plus de succès.

L'armée française, réunie avec tant de peines, aux prix d'efforts immenses, venait d'arrêter l'invasion, et le canon de Valmy annonçait au monde la première victoire de la Révolution.

Grande Imprimerie de Troyes, 126, rue Thiers

www.ingramcontent.com/pod-product-compliance
Lightning Source LLC
LaVergne TN
LVHW020501230826
846091LV00008BA/3307

* 9 7 8 2 0 1 9 9 3 0 8 0 6 *